회상의 숲을 걷다

회상의 숲을 걷다

조지홍 시집

그림과책

| 시인의 말 |

  한 권의 시집을 상재한다는 것이 나에게는 꿈과 같은 기분이 듭니다.
  아내의 26년 투병 생활 중 23년을 주 3회 만성신부전증으로 혈액 투석을 받고 마지막에 고관절 수술을 받았습니다. 그러나 회복 단계에서 뇌출혈로 하늘나라로 보낸 후 지난 날을 회상하며 한자 두자 글을 적다 보니 한 편의 시가 되었습니다.
  그러던 중 2022년 1월에 시 5편을 시사문단에 제출하였고 2월 4일 아침 체육관으로 운동하러 가는 도중에 시사문단 발행인이시며 심사위원이신 손근호 대표로부터 등단 당선을 축하한다는 소식을 입춘 아침에 큰 선물로 받게 되었습니다.
  그 소식을 가족들과 내 동생 조경미 선생과 부산에 계신 친구 이용조 장로 후배인 김은호 교장과 부인이신 박금희 원장님 그리고 강경옥 원장으로부터 격려 전화와 축하를 받았습니다.
  특히 허남술 교장님께서는 시집 10여 권과 함께 시인으로 나아가야 할 지도와 격려를 받기까지 하였습니다.
  그러던 중 등단 후 2년 9개월 만에 『회상의 숲을 간다』 시집을 출간하게 되었습니다.
  앞으로 좋은 시를 쓰기 위해 끊임없는 노력과 열정으로 최선을 다할 것을 다짐하면서 문인의 길로 인도해 주시고 격려해 주신 모든 분들께 감사드립니다.

2024년 11월

여강濾降 조지홍

차 례

시인의 말 … 5

1부

봄비 … 14
개구리의 울음 … 15
다대포의 저녁노을 … 16
이기대의 봄 … 17
작천정의 벚꽃 … 18
입동에 피는 꽃씨 … 19
봄 1 … 20
봄 2 … 21
상쾌한 아침 … 22
목련 … 23
봄의 탄식 … 24
매화 … 25
봄의 여신 … 26
이별 … 27

2부

여보 사랑하오 … 30
사랑하는 혜수야 … 31
님 … 32
추도사 … 34
어머니, 어머니 … 36
아버지 … 38
중환자실 … 40
세월 … 42
수술실 들어가는 침대 밀면서 … 44
장모님 … 46
함께하지 못한 금혼식 … 48
가을에 만났던 님 … 50
회상 … 51
덤으로 산 삶 … 52
사랑하는 내 아들아 사랑하는 내 딸들아 … 54
보고 싶은 당신 … 56
고독한 시인 … 57
사라사테의 치고이너바이젠 … 58
꿈속에서의 만남 … 59
사랑하는 진영아 … 60
내 동생 지애, 선아야 … 62

3부

별들의 잔치 … 66
바다로 가자 … 67
몰운대의 저녁노을 … 68
장생포 수국 페스티벌 … 69
불타는 7월이여 … 70
8월을 맞이하며 … 71
9월을 기다리며 … 72
여름에 지는 낙엽 … 73
그리운 얼굴 … 74
金井山의 신비 … 75
장맛비 … 76
쓸쓸한 여름 … 78
소낙비 … 79

4부

두루박 … 82

시월을 보내며 … 83

좋은 점심 … 84

가을의 노래 1 … 85

태화강 십리 대밭 … 86

가을 하늘 … 87

백로 … 88

가을밤 … 89

추석 … 90

처서 … 92

立秋 … 93

가을이 오네 … 94

가을의 노래 2 … 96

한로 … 97

추분 … 98

황혼의 넋두리 … 99

내와의 가을 … 100

고별 … 102

그리움 … 103

가을 여인 … 104

떠나가는 가을아 … 106

가을이 오는 소리 … 107

5부

향수 … 110
내가 시를 쓰는 이유 … 111
국민학교 여자 동기를 처음 만나던 날 … 112
중앙국민학교 15회 친구들아 … 114
구영탁구 사랑의 우정 … 115
스승 같은 친구 일택日澤에게 … 116
그때 그 시절 … 118
세차장 … 119
힘차게 내디딜 친구여 … 120
새벽을 열면서 … 121
119구급대원 … 122
어릴 때 친구 … 124
꽈배기 … 125
동심의 추억 … 126
청마 유치환 선배님을 그리며 … 127
내 고향 부산 초량 4동 산동네 … 128
당신의 미소가 그립습니다 … 130
부산 중앙국민학교 송년회 … 132
상식, 병욱, 학종 친구여 … 133
눈바람 … 134
서산에 해 넘으면 … 135
쓸쓸한 밤 … 136
표충사의 가을 … 137

6부

사랑하는 그대에게 … 140

당신의 이야기 … 141

가슴에 내리는 비 … 142

외로움 … 144

아직도 보고 싶은 사람이 있다는 건 … 145

선생님 힘내세요 … 146

님이여 … 148

사랑의 향기 … 149

허브 힐링 차 … 150

눈 내리는 날의 회상 … 151

고교 친구들과 울산 주전서 만나던 날 … 152

마음속에 그리는 여인 … 154

모닝커피 … 155

커피 향 내음 … 156

잠 못 이루는 밤 … 157

그리움은 강물처럼 … 158

커피 그대 그리고 나 … 159

첫 기도 … 160

강변 찻집 … 162

초읍 교회 가는 날 … 163

아, 60년 전의 친구 이야기(김 우) … 164

해설 … 166

1부

하나도 싫지 않고 고운 이름

누가 뭐래도 너는 향을 팔지 않으니

일 년을 기다려

꽃 중의 꽃 너를 반기러 간다네

봄비

비가 내린다
그렇게 가뭄에 목타던
내 가슴에
비가 내린다

보고 싶은 마음 가뭄에
불꽃 타올라
가늘 길 없는데

따스한 그대 눈물 맞으며
사랑하는 그리움 싣고
피어나는 매화 향기는
귓전에 살며시 머물고 있구나

개구리의 울음

휘영청 밝은 달밤 개울둑 지나는데
슬피 울어대는 개구리들
무슨 슬픈 사연 있어서
저리도 울어대는지

밤새 울고 나면 막힌 속이 뚫리고
서러운 마음도 사라지느냐

나도 막힌 속 풀고파
너와 함께 밤새 울어볼 거나

다대포의 저녁노을

붉게 물든 하늘 아래
다대포 바다가 일렁인다

황금빛 모래사장 위로
붉은 노을이 내려앉고
갈매기들은 노을빛에 취해
춤을 추듯 날아다닌다

바다 위에 떠 있는 작은 섬들은
노을빛에 물들어 보석처럼 반짝이고
사람들은 저마다의 추억을 만들며
저녁노을에 취해 있다

다대포의 저녁노을은
나에게 위로와 희망을 안겨준다

이기대의 봄

오륙도를 바라보는 언덕 위에
봄이 찾아오면

이기대의 꽃내음을 나비와 어우러져
색색의 아름다움을 자랑한다

푸른 바다와 함께 어우러진
꽃들의 향기에 벌들도 함께 춤춘다

그 모습을 보는 우리들
마음도 사로잡는다

이기대의 봄은 자연의 아름다움을
느낄 수 있는 최고의 계절이다

바다와 꽃나비 벌들이 함께하는 이기대의 봄이여

작천정의 벚꽃

작천정의 백 년 벚꽃
어릴 때나 흰머리 난 지금이나
보면 볼수록 더 예뻐지는

한결같이 아름답게 피는 꽃송이는
봄날 마중 나온 여인의 마음
달빛 녹아내린 꽃송이마다

황금빛 두루마기 걸친
초롱초롱 빛나는 눈망울 속에는
환한 눈웃음 나풀거리고

이제는 타오르던 정열도 식어버린
떠나가는 뒷모습이 서러워
구슬프게 떨어져 내리는
꽃잎 소리만 요란하구나

입동에 피는 꽃씨

뇌 혈류 순환시키듯이
꽃씨를 심으면 꽃이 핀다지
은은히 행동하는 잎사귀들
봉숭아 한 송이를 화분에 옮겨 심었다

시린 손발 따뜻하게 물을 주고 가꾸었더니
샛노란 병아리처럼 말초를 건드린다
입동인 오늘 아침
열두 송이 꽃이 피었다

너의 모습이 이렇게 아름다운가
놀라움을 금할 수 없구나
생명의 번식력이 이렇게 강한 것인가
베란다에서 피어나는 신기루야

봄 1

개나리 산수화 빠끔히 눈 뜨고
밭에서 갓 캐낸 냉이 쑥이 소쿠리에
가득 담긴 봄

곰살맞은 우윳빛 아지랑이
슬금슬금 개울가를 가로질러
가슴에 품었던 봄

강산에 푸릇한 내음
봄바람이 잦아드니
개울가의 물소리도 힘이 넘치고

목련 봉오리
수줍은 풋내기 여인처럼
봄과 함께 내 품에 안겨 오네

봄 2

마른 가지에
꽃바람 불어와
동그라미 그리는
마음으로
등을 달았네

알록달록 피어나는
꽃송이는
어두운 나의 마음
밝혀주는
참사랑이었던가

피는 꽃송이
마음에 여미는
고운 마음으로
품어 내리고 싶구나

상쾌한 아침

아침에 일어나 창문을 여니
까치가 깍 깍 깍
반가운 손님이 오시려나
향긋한 봄바람이 불어와
내 마음 휘어 감으니
더없이 좋은 아침
기분이 참으로 상쾌하구나
창가 너머로
황소같이 드리니 운문 수산
네 가슴에서 품어 나오는
태화강 물줄기 따라
푸르름 손짓해 부르는
너의 가슴에 와닿고 싶은 마음
물안개 피어오르는
태화강 산책길 사이로
그대 보고 싶은
그리움 되어
뚜벅뚜벅 걸어가고 싶구나

목련

화창한 봄날 활짝 핀 목련을 보러
당신과 나들이를 갔었습니다

밤늦은 시간 음악다방에서 시간 가는 줄 모르고
사라사테의 치고이너바이젠과
사운드 오브 사이언스 러브 스토리
튄 폴리오의 하얀 손수건 등 주옥같은 노래를 들으며
성냥개비로 탑 쌓기로
시간을 보내기도 하였습니다

활짝 핀
목련을 내년 내 내년에도
보러오자 하였는데
내 안의 부재를 들여다보는 것처럼
가슴 까맣게
타버린 애증의 목련은
비에 젖은 채 빗방울 머금고
당신 보라며 고개 치켜세워
활짝 피었습니다

그러나 당신은 아니 계셨습니다

봄의 탄식

어제는 봄비가 내렸다네
그렇게 기다리던 봄비는 바람을 동반하고 왔구나

그러나 올봄엔 꽃향기가
작년보다 덜한 거 같은 이유는 무엇 때문일까?
내 코가 잘못된 건가

아니면 꽃의 향이 약해서인가
봄밤에 우는 소쩍새 소리는
내 그리운 님의 탄식 소리같이 들리는구나

매화

추운 겨울 이겨낸
너의 고운 자태에 눈이 내렸으니 설중매
깊고도 진득한 향기
단아한 기풍 자아내는 섣달에 피는 납매화 蠟梅花
겨울의 긴 주름 펴듯이
수줍은 듯 꽃망울 터트린 홍매화
사랑하는 님과 술 한 잔 나누며
서쪽 하늘 보름달에 걸려있는 월매 月梅
내 님의 손가락에 끼어 있는
옥가락지보다 더 예쁜 너 옥매여
그 가운데서 멋있는 향기를 뿜어
온 천지를 취하게 하는 매향이여
이른 봄 처음 피어나는 매화를 찾아 나서는 우리는
심매 또는 탐매라고도 한다지
거만하고 도도한 너의 이름은 도대체
몇 가지가 되느냐
그러나 하나도 싫지 않고 고운 이름
누가 뭐래도 너는 향을 팔지 않으니
일 년을 기다려
꽃 중의 꽃 너를 반기러 간다네

봄의 여신

아침 산책길
인연 따라 울긋불긋
피어오른
봄의 여신이여

마음보다 더 곱고
하늘보다 더 푸르고
햇살보다 더 고운

품에 안고
님 계시는
먼먼 별나라
날아가고 싶구나

이별

하얗도록 이야기꽃을 피워놓고
사랑하는 님이 가신 지가 3년이 되었습니다

허기진 배를 채우듯
만남의 즐거움보다 이별의
슬픈 존재가 내 가슴을 짓누릅니다

텅 빈 이 가슴을 無字搭으로
화선지를 메워가는 먹선 한 점 두 점
지우려 하지만 지워지지 않습니다

사랑했던 당신과의 이별은
아픔이었고 눈물이었고
서러움이었습니다

진하디진한 목련이었습니다

2부

이제는 만날 수 없는 당신

사진과 옛 추억 속에서만 만나는 당신

늘 고마웠고 감사한 사람

바로 당신이었습니다 고마웠습니다

여보 사랑하오

당신은 이미 떠났는데 또
한 해는 시작되었네요

그래도 당신은 여전히 내 곁에서 나를 지켜주는 듯
망각 속에서 오늘도 당신을 향한
그리움은 어쩔 수가 없구려

살아생전 더 진한 사랑과 더 진한 정을
마음껏 표현하지 못함은 지금도 안타깝고 아쉽구려

당신이 떠나고 나니 당신의 빈 자리가
그렇게 크고 넓고 깊을 줄을 미처 몰랐다오

내가 세상에 머물 동안 당신의 삶을
내 가슴에 안고 살아가리라 조용히 다짐해 봅니다

살아생전 당신이 나를 지켜 주듯이
이젠 내가 당신을 지켜주리다
여보 영원히 당신을
사랑합니다

사랑하는 혜수야

이젠 중학생이 되었구나 늠름하고 사랑스런
너의 모습을 할머니께서는
보실 수가 없구나

혜수야
건강한 몸과 마음을 가지며
좋은 책 많이 보고
마음에 창조의
꿈을 키우며

나무보다 더 크고 튼튼한
사람이 되어 너보다 더
춥고 배고프고 불쌍한
사람들을 도와주는

큰 혜수가 되기를
할아버지는 하늘 향해
기원할게

님

보고 싶고 그리운 마음에
수국 보쌈아, 드리우듯
시루의 막걸리는 익어 내리는데

님이여
떠오르는 태양도, 달도, 별도
아름답지만 님의
미소보단 못하네요

님이여
하늘이 높다 한들
사랑하는 나의 마음보다
더 높겠소

님이여
그대 보고 싶은 마음이
낙엽 휘날리는 세월과
함께 가렵니다

님이여
오늘따라 비가 오니

내 마음은 더 서글퍼지네요

월요일 아침
님이 투석하는 날인데
진작 투석할 님은
아니 계시고
나 혼자 준비를 하였구려

님이여 그곳 세상은
어떤지
그곳 세상에서는 건강하게 잘 지내고
있겠지요

부디 이 세상 걱정마시고 편히 계시고 내가 가면
옆자리 하나 만들어
주시구려

님이여 정말 사랑하오
님이여 정말 보고 싶소
안녕히 잘 계십시오

추도사

먼 길을 가신 지 100일이 지나고 있지만
나는 오늘도 당신을 그리워하고 있습니다

어느 곳을 바라봐도 모두가 당신의 흔적뿐입니다

당신은 이 세상에서 가장 소중한 존재였고
또 가장 소중한 생명을 나에게 선물했습니다

오늘도 당신을 그리워하며
때늦은 고마운 마음을 보내고
사랑했노라고 크게 외치며 당신을 추모합니다

사랑하고
그리워하고
보고 싶지만
손에 닿지 않는 당신
멀리서 아껴 아껴 사랑하겠습니다

이제 당신이 못다 한 인생을 내가 잘 메꾸어 가며
자식들과 살아가겠습니다

훗날 내가 당신 곁에 가면 영생불멸하는 좋은 곳에서
이승서 못 간 곳, 맛있는 음식 함께
마음껏 먹으며 지냅시다

여보 이젠
모든 시름 다 잊고 편안하게 영면하소서

어머니, 어머니

바람이 토해내는 하얀 포말
부르르 깃털을 털어
비상하는 물새의 노오란 발목 움켜잡고
뜬금없이 달마가 동쪽으로
간 까닭을 묻는다

후회 같은 그리움 토해내는
하얀 파도
달마는 너울 엮어 동쪽으로 가고
어둠을 쓸어내리는 멍청한 닭벼슬
소스라쳐 지새는 달

이파리 달지 못한 자목련
가슴앓이 붉은 꽃잎 바람의 울음으로
물빛 여백을 땜질하려는
하늘의 부끄러운 노을

윤기 쪼르르 할미의 쪽머리 손바닥으로
휘감아 꽂은 은비녀
지금은 바람이 잠들은 고갈산
손 한 뼘 높이 새벽별이 되어

눈빛으로 울음 같은 그리움
고니가 지우는 달빛의 부스러기
아침 이슬에 숨어들었다

푸드덕 선잠에서 깨어나는 산새는
젖은 깃털을 아이 햇살에 말리며
달마가 동쪽으로 간 인연을 비상으로 노래한다

바람에 휘둘린 텃밭에 드러누운 목련꽃은
이미 목련이 아니다

미운 바람으로 흐트러진 텃밭에는
그리움같이 도라지꽃 피었네
어머니 마음이 그리움으로
덮는가 보다

아버지

아버님 살아생전 항상 건강하셔서
병원이라고는 모르고 지내셨는데
갑자기 병에 걸려
병마와 싸우고 계실 때
내 마음은 갈기갈기 찢어질 거 같았습니다
병원 샤워실에서 목욕시켜 드릴 때
살결도 비닐처럼 흐물흐물 얇아진 피부에
드러난 핏줄과 힘없이 처진 양어깨
자수성가하셔서 많은 재산을 모으셨지만
못난 제가 그 재산을 지켜드리지 못해
어렵게 지내실 때 가장으로 살아오신 삶의 무게가
얼마나 무겁고 힘겨우셨을까 생각하니
충혈된 눈에서는 눈물이 고입니다

아버지 돌아가신 지도 37년
정월 대보름 아버님의 기일이 돌아옵니다
남창 사는 선아는 매년 제사 음식과 함께 참석합니다
이번 기일 때는
서울에 사는 지애도 참석하겠다 합니다

주마등처럼 스쳐 지나간 추억들도 잠시

내 나이도 벌써 돌아가신
아버님 연세보다 더 많이 되었습니다

아무 탈 없이 가족들
잘 거느리고 살아온 보람이
아버님의 은혜에 축복받은 하늘 우러러
감사드리는 마음입니다

중환자실

고통 속에 시달리는
당신을 볼 때마다
안타까운 마음
차라리 현실이 아닌
꿈이었으면 하는 바람이라오

26년간 병마에 시달린
고통 속에서도 잘 견뎌 왔는데
취미인 사군자 그리기와
서예를 좋아했던 당신
그리고 가족들 입에 맞는 맛있는
음식도 만들고 싶다며
빨리 집에 가고 싶다고
입원 와중에서도
안달 부리던 날들이
셀 수 없이 많았는데

이제는 먼 얘기
생각하면 눈물만 납니다
혈액 투석기는 쉴 새 없이 돌아가고
코엔 산소 공급기에 달린

호스를 보고 있노라면
삶을 포기했는지
눈 감고 입술 다문 모습
속 타는 마음은
천 길을 넘나드는데
아무것도 해줄 수 없는
다만 하늘 향해 두 손 빌고 또 비는
마음도 아랑곳없이
울어도 소용없는
슬픈 마음만 남기며
당신은 조용히 눈물 흘리며
영원히 떠나갔습니다

오늘이 당신 떠난 지 3년 되는 날입니다
당신 영정 사진 앞에서
애달픈 마음 술잔 속으로
달래고 있습니다

세월

리사의 눈은 별처럼 초롱하고
엄마의 품은 어제나 달 같아라

리사는 언제나 달 옆에서
초롱한 눈으로 달에 안긴 채
밤새 지척인다

밤새 피곤한 달빛
베란다 창에 고인 채
날 샐 줄 모르고
리사의 눈 달님 품에 안겨 있네

내 사랑하는 손녀 리사야
건강하게 자라다오
달은 나뭇가지에 걸터앉아
리사가 깰까 지켜보네

어느덧 깊은 잠에
리사는 이불 속에서도 새근새근
리사가 성장하더라도
달은 잠을 못 잔다

달은 그렇게 세월에 늙는다

달아 너의 엄마도 그렇게
늙어갔단다

수술실 들어가는 침대 밀면서

당신이 몸져누운 날
나의 꿈은 빛을 잃고
언제 떨어질지 모르는
풀을 붙인 마지막 잎새가 되었다오

수술 전날 수술 중 만약 사고가 났을 때
책임을 묻지 않겠다는
서약서에 서명하고 하얀 밤을 새우며
당신이 수술실을 가기 위해 침대에
누워서 침대 뒤를 밀고 가는 순간
아픔과 고통에 시름하다
촉촉해진 눈망울을 바라보며
순간순간 주마등 불꽃처럼 스쳐 가는
옛 기억

힘내고 수술 잘 받으라는 내 말에
엷은 미소 지으며 고개 끄떡이며
들어가는 모습
차라리 내가 저 침대에 누웠으면
내 오장육부가 저려오진 않았겠지

대기실 전광판에 아내의 수술 과정
실시간 알려줄 때
수술이 끝날 때까지
내 잘못이 주마등 불꽃처럼 스쳐 가는 순간

수술 끝나고 회복 중이라는 전광판이
알려주니 얼마나 반가운지
기쁨의 눈물을 흘렸다오
여보 수고 많았소 그 연약한 몸으로
당신은 이겨 내었소 고맙소 정말

*2005년 1월 5일 아내의 위암 수술, 2008년 12월 31일 신장암 그리고 크고 작은 수술 십여 차례 수술받았을 때 애간장 태울 때를 생각하면서

장모님

1986년 음력 정월 스무하룻날
지금으로부터 37년 전
장모님은 고통을 뒤로하고 가족들이 보는 가운데
조용히 이 세상을 떠나셨습니다

상북 능산(산전리)의 물 좋고 공기 좋은 곳
진주 강씨의 첫째 딸로 태어나
언양 반천 경주 김씨 집안으로 시집와서 딸만 둘
아들 낳지 못한다고
구박받던 서러움은 평생 한이 맺혔고

장손이신 장인어른은
아들 얻으려고 새 장가 들 때
장모님의 원통하고 분한 마음은
누구한테 하소연 못 하는 뼈아픈 고통

자기가 낳은 자식은 자기가 거두어들인다는 신념 아래
피땀으로 얼룩진 농사를 지어 시어머니 공양은 물론
딸 둘 대학까지 공부시켜
큰딸(집사람) 시집갈 땐
부산의 부잣집 아들 사위 본다며 자랑하고 뽐내면서

동네 사람 다 모이는 큰 잔칫상을 벌였고
둘째 딸은 학교 선생님과 결혼하여 아들, 딸 낳아
걱정 없이 사는
젊은 시절 사업에 실패해서 우왕좌왕하고 있을 때
장모님 배려 덕분에 온 가족이
함께 지내게 되었는데
말은 안 해도 속마음은 딸 고생시킨다고
시리어 내려오는 아픈 가슴은 이만저만이 아니었을 테고

그러다 몸이 아프다 하셔서
병원에 가서 검사해 보니
자궁암 3기라는 판정을 받으시고
투병 생활하시다가 가족들이 지켜보는 중에
내 손을 잡으면서 말 못 하시고 조용히 미소 짓던 모습
지금도 뇌리 속에 생생히 살아 있습니다

장모님
누구나 가야만 하는 저세상에서
사랑하는 장모님의 큰딸(집사람)과 함께 잘 지내십시오
언젠가는 우리 함께 만날 때까지

함께하지 못한 금혼식

1974년 11월 10일 12시
우리는 약속했습니다
검은 머리가 파뿌리 될 때까지
함께 하겠다고

그랬던 당신은
2021년 음력 7월 2일
하늘로 떠나셨습니다

당신과 함께한 47년 세월
결혼 50주년(금혼식)이 다가옵니다
함께 웃고 울었던 수많은 날들이
아직도 생생한데
당신은 이 세상에 없습니다

위암 신장암 뇌출혈 고관절 등
10여 차례 수술을 이겨냈던 당신
수술실에 들어갈 땐 걱정 말라며
손을 흔들고 나를 안심시켰던 당신

용감했던 당신이 눈을 감을 때도

나는 곧 일어날 것이라 생각했습니다

병실에 누워 있을 때도
아이들과 나를 걱정하며
욕심을 좀 내라며 고언하던 당신

이제야 당신의 말을 듣지 않은
내 어리석음을 후회합니다

여보 앞으로 삶을 더욱 소중히 여기며
이제부터 당신의 충고 잊지 않고
건강하게 살다가
당신이 있는 곳으로 가겠습니다
부디 나를 내치지 마십시오

당신을 영원히 사랑했습니다
우리들의 결혼 50주년(금혼식)을
나 혼자 쓸쓸히 기념하겠습니다

가을에 만났던 님

님을 처음 만난 날
1974년 10월 28일 오후 6시
중앙동 철판구이 고깃집
안개꽃 가득 안겨준 그 향기 맡으며
꽃이 핀 정원을 걸었으며
그 뒤로 많은 이야길 나누며
13일 후인 11월 10일 12시 광복동
미화 예식장에서 결혼식을 올렸다
벅찬 설렘으로 시작된 희로애락이
2021년 8월 9일 오후 3시 10분
만남의 기쁨보다 이별의 애절함
속으로 국화 향기 남기고
47년 2개월 19일 3시간
413,619시간 희로애락의
세월 동안 우리의 추억을 간직한 채
71세의 파란만장한 생을 마감하였소
당신이 좋아했던 가을이 왔지만
그대가 없는 이 계절은
유난히 서글픈 가을일 것 같습니다

회상回想

병마와 싸워 이겨서
나와 손잡고 걸어 보겠다던 미소 짓던 얼굴도
이제는 영원히 볼 수 없는 어둠에 묻힌
캄캄한 밤입니다
떠나가신 지도 벌써
3년이 오고 있구려
당신의 젊은 시절
분홍빛 마음 담아 방안에 걸린 그림들
보면 볼수록 북받쳐 올라오는 이 슬픔을
막을 수가 없네요
집 안 구석구석
당신의 숨결이 묻어 내린 자국들
보듬어 드리우는 그리움은
가슴속 깊이 소복소복 쌓여 내려가고 있습니다
나에게 가장 소중한 당신을
먼저 하늘나라로 보낸 나에게는
마음이 얼마나 무거운지 할 말이 없습니다
이 세상에 둘도 없는 당신
영원히 사랑하오
나 떠나가는 날
그대의 품에 안겨 오리다

덤으로 산 삶

2005년 12월 5일
내 아내는 위암 수술을 받았다
2008년 12월 31일 밤 신장암 수술을 받았다
크고 작은 수술을 십여 차례 받으면서도
언제나 꿋꿋하게 일어났던 내 아내
당뇨에다 고혈압 말기 만성신부전으로
1주일에 혈액 투석을 3회씩하고 있는 고위험 환자였다

그런 환자가 일반 환자보다 회복 속도가 빠르니
의사 선생님들도 기적이라 하셨다

퇴원하면서 하는 말
지금부터 내 삶은 덤이라며
아무 미련 없다며
식구들과 사는 날까지 잘살아 보자고 하며
병실 환우들께 빠른 회복 바란다며
일일이 인사하고 웃으며 병실 문을
나올 때의 그 모습,
간호사들을 향해 고생 많았다고 인사하고
집으로 올 때는 날아가는 기분이라며
즐거워하던 그때

이젠 그렇게 자신 있게 살았던 그 사람은
덤으로 13년을 더 살다
2022년 8월 9일(음력 7월 2일) 오후 3시 11분에
고통 없이 저세상으로 가시는 날
나는 하늘이 내려앉는 줄
이 세상이 끝나는 줄 알았다
덤으로 산 날이 너무 짧은 건
짧았다는 생각은 나의 투정인가?

7월 28일(음력 7월 1일)
아내의 첫 기일이 다가온다
이리 빨리 올 줄 몰랐다
하늘나라로 가는 날 나는 어떻게 혼자서 살아갈까
태산 같은 걱정을 했는데
이젠 혼자서 시 낭송회 다니고
노인 주간보호센터 공연 다니고
매일 아침 탁구도 치며
내 삶을 즐기고 있으니
1년 전의 나의 모습이 너무 변한 거 같아서
정말 나 자신이 밉다

사랑하는 내 아들아 사랑하는 내 딸들아

인선, 현재, 해인
이름만 들어도
미래가 보이고 내 가슴이 뛰는
내 아들, 딸들아!

이 아비가 젊었을 때는 너희들에게 아무런 용기와
희망을 주지 못했지
하지만 힘차고 용기 있게
이 험한 세상을 이겨내고 여기까지 와서 영혼을 지켜낸
내 아들아!
내 딸들아!

너희들의 아픔은 곧 나의 아픔이요
너희들 기쁨은 나의 기쁨이라
부족한 그늘에 험난한 길 마다하지 않고
묵묵히 너희들 갈 길을 힘차게 걸어간
내 아들아!
내 딸들아!

가슴 시리도록 미안하고
또한 고맙고 한없이 사랑한다

나라의 기둥이 될 사랑스러운
나의 아들, 나의 딸들아!

냇물이 흘러서 강으로 가고
강물이 흘러서 바다로 가는
이치 앞에 순응할 줄 아는
지혜로운 나의 아이들아!
정말 믿음직스럽구나

너희들이 날개를 활짝 펴서
이 나라를 움직이는 훌륭한 사회의 역군으로서
힘차게 다니는 그 모습이 너무나 아름답구나
하늘에 계신 엄마도 너희들을 응원하실 거다
이 아비도 영원히 응원할게

내 아들, 딸
인선!
현재!
해인!
자랑스러운 나의 아이들아!

보고 싶은 당신

보고 있어도 또 보고 싶은 당신
이제는 내 상상 속에서만 보고 싶은 사람
그런 사람이
바로 당신입니다

오늘은 유난히 멀리 떨어져 있는
당신이 그립습니다

소식을 전하고 싶지만 보낼 수 없는 당신
늘 함께할 때 소중함을 느끼지
못한 아쉬움만 남게 된 당신
가끔씩 퇴근 때 베란다의 불이 꺼져 있을 때
그때마다 느낍니다

모든 사람에게 배려하는 아주 작은 것부터
큰 것까지 모두 다 고마웠습니다

이제는 만날 수 없는 당신
사진과 옛 추억 속에서만 만나는 당신
늘 고마웠고 감사한 사람
바로 당신이었습니다 고마웠습니다

고독한 시인

그대여 사랑합니다
제발 아프지 마시고
미소로 대답하여 주십시오

잔잔한 파도처럼 너울거리며
고독을 씹듯이

당신의 웃는 모습은 천사가 되고
화내는 당신의 얼굴은 병이 됩니다

사랑하는 아이들 불러서
아린 겨울 흩날리는 눈이

시로 고백하고 음악으로 독백하며
자유로운 영혼이 되어

아직 하고 싶은 말 다 못하고
조용히 조용히 미소를 띠며
눈을 감는다

사라사테의 치고이너바이젠

병상에 누워서 눈을 감고 의식이 흐릿한데
스마트폰으로 이 곡을
귀에 들려주니
아! 치고이너바이젠 하며 눈을 뜨며
나를 보며
왔소?
하며 다시 눈을 감았던 당신
언제나 바이올린의 이 곡은
내 고독한 혼도 따라 울고 있었다
오늘 같은 가을의 조용한 밤엔
더욱더 생각나는 내 님과 함께
듣고 싶은 치고이너바이젠
사랑하는 손길도 없이
귀뚜라미 우는 이 밤
나도 한 마리의 작은
귀뚜라미처럼 울고 싶다
오! 사랑했던 내 님이여
오늘밤엔 이 곡을
자장가 삼아 들으며 꿈속에서
내 님을 만나러 가야겠다

꿈속에서의 만남

어제 상장과 상패를 들고 부모님 산소와
아내가 잠든 납골당에 갔다
상장과 상장을 보여주고 사진 한 장 찍고
잠시 회상에 잠겨본다
벌써 1년을 넘기고 겨울이 오는데
잘 있는지 생각해 본다
혼자서 외롭게 있는 모습이 너무 애처롭다
밤에 잠을 자기 전에 신물이 올라와서
내 심장을 찢어 버릴 정도의 고통이 왔다
내 아내도 살아있을 때 이런 고통을 겪는 걸
옆에서 많이 봤다
잠을 자는데 아내와 경치 좋은 바닷가에서
무슨 이야길 했는지
재미있게 이야기하고 집으로 오다가
잠에서 깨어났다
어젯밤 내가 고통을 받고 자는 걸
아내는 알았나 보다
그래서 내 곁에 왔다 갔나 보다
매일 꿈속에서 만날 수 있다면
밤마다 아픈 고통은 감수할 수 있을 거 같다

사랑하는 진영아

아장아장 걸으며
참촌(삼촌)! 참촌! 부르며
세상 귀여움을 다 떨며
유난히도 나를 따랐던 진영아!
그 사이에 많이도 커 버렸구나
우리가 만나지 못한 사이에 너는
훌륭한 선생님이 되었고,
나는 세월 뒤에 앉은 노인이 되어 있구나
나는 그런 네가 자랑스럽다
똑같은 세월을 보냈건만
나의 사랑하는 진영아!
훌륭한 너의 그 재능을 썩히지 말고
자라나는 우리 후세들에게
마음껏 펼쳐서 그 아이들이
나라의 보배가 될 수 있도록
세상을 밝히는 등불이 되기를 바란다
이 말은 이 삼촌의 부탁이기 이전에 하늘나라에 계신
너의 아버님이신 (고) 안진수 교수의
준엄한 명령이라고 본다
저 높고 푸른 가을 하늘처럼
항상 밝고 든든한 내 조카

진영아!
언제나 너의 어머님 잘 보살피며 행복하게 잘 지내거라
이 삼촌은 항상 너를 위해
마음속으로 기원할게
자랑스러운 조카 진영아!
아름다운 내 조카 진영아!
언제나 사랑한다 진영아!

내 동생 지애, 선아야

한때는 파릇파릇 새싹이 돋아나듯
부모님 다독거려 주는 보살핌 속에
1남 5녀 우리 형제들은
사이좋게 서로 오손도손 잘 살았지
인명이 제천이라 이승을 떠나
저승에 계신 부모님 곁으로
우리들 가슴에 비수만 꽂아 놓고
떠나가 버린 3명의 여동생
귀염 끌던 어릴 적 모습이 참으로 그립구나

큰 동생 "지애"야
그렇게 친하게 재잘거리던
남편(안 교수)을 보내 버린 슬픔은
내 슬픔보다도 더한 고통이 따랐으리라
그래도 나는 같은 울산에 사는
막내 '선아'가 내 어려운 일 있으면
자기 일처럼 도와주며
간혹 한 번씩 만나면
오빠 걱정 태산같이 하는 걸 보면
꼭 누님 같은 생각이 든다

선아도 이젠 쉴 때도 되었는데
아이들 가르친다고 다니는 거 보면
마음이 아프다네

부모님 제사 며칠 앞두고
빙판에 미끄러져 목과 허리를 다쳐
그렇게 오고 싶었던 부모님
제사에 오지 못했으니
하늘에 계신 부모님께선
큰딸이 보이지 않으니
얼마나 걱정했겠나?
소문 들으니 이제 많이
호전되어 간다는 이야길 들었다
지애야!
돌아가신 부모님 너무 집착하지 말자
입이 포도청이라고
산 사람 살아가야 하니까
나의 큰 동생과 작은동생
부처님의 자비가 항상
함께 하기를 기도드릴게

3부

작렬하는 태양볕에 알알이 영글어가는

청포도처럼 생활이 윤택한 7월이여

별들의 잔치

어둠이 내려앉은 별빛 아래 여름밤
밤하늘 수놓은 별들 사이로
꿈을 꾸듯 별똥별이 떨어진다

은하수 건너온 듯
찬란한 빛을 내며
지상으로 추락하는 유성우

별들도 함께 춤을 추네
찰나의 순간 내 마음을 스쳐 간다

하지만 그 여운은
오랫동안 남아

열대야에 지친 밤을 잠시나마
잊게 해 준다

바다로 가자

입추도 지난 열대야가
기승을 부리는 날 바다로 가자
저 멀리 수평선이 부르고
파란 물결 넘실대는 바다로 가자
갈매기 춤추고
파도가 넘실대는 바다로 가자
푸른 물결이 나를 기다리는
바다로 가자
하얀 파도 소리 들으며 내 몸을 던지러
바다로 가자
모든 잡념 내려놓은 채
자유롭게 파도가 춤추는 바다로 가자
폭염을 피해 낭만이 넘치는
바다로 가자
그대와 잠들며 되돌아올 꿈 꾸며
바다로 가자

몰운대의 저녁노을

붉은 노을이 바다를 물들이면
몰운대는 한 폭의 수채화가 된다
갈매기 떼 날아오르고

파도 소리 귓가에 울리면
내 마음도 함께 물들어간다
저 멀리 고깃배들 하나둘 떠나고

어둠이 서서히 내리면
몰운대의 서쪽 하늘은 붉은
모습으로 변한다

다대포 몰운대의 저녁노을은
내 마음속에 영원히 살아 숨 쉬는
아름다운 추억으로 남을 것이다

노을이 사라진 밤하늘 별똥별이 바닷가로 쏟아지면
나는 밤하늘의 별처럼 빛나는 내일을 꿈꾸게 된다

장생포 수국 페스티벌

고래고기 맛에 바람난 수국
알록달록한 얼굴에
자기 자랑하느라 정신없고

구경 나온 상춘객들
춤추듯 신이 나서
발걸음 멈출 줄 모르는데

6월 신바람 난 햇살은
추억 속으로 낭만이 흐르는 곳에
고래 바다 여행선도 바쁘게 움직이네

불타는 7월이여

작렬하는 태양볕에 알알이 영글어가는
청포도처럼 생활이 윤택한 7월이여

밤이면 개울엔 개구리 울음소리 숲에선
귀뚜라미와 풀벌레의 하모니 소리와

반딧불이의 불 잔치
그래도 활기차고 살맛 나는 마음 가지며
청춘의 불타는 정신을 가져봐야겠구나 다짐해 봅니다

아! 불타는 7월이여
내 마음을 적셔주는 소나기가 한줄기 내려주면
소나기 소리를 반주곡 삼아

하모니카 한 곡 불면 그 또한 7월이 주는
멋진 낭만이지 않겠나
몸과 마음이 시원한 맛을 느끼는 것도
7월이니 더욱더 맛있구나

나는 7월이 좋다
나는 네가 너무 좋다

8월을 맞이하며

이글거리는 태양 아래
아스팔트 도로에도 아지랑이가 피어오른다

매미 울음소리 우렁차고
하늘엔 잠자리가 춤을 춘다

밤이면 강변 숲속에선 별들의
축제가 열린다

나뭇잎 사이로 반짝이는 윤슬
산과 바다로 떠나는 즐거운 여행
지친 나는 새로운 시작을 준비한다

파란 하늘에 떠 있는 새털구름처럼
자유롭게 꿈을 꾸며
내 마음에도 파도가 밀려온다

설렘 가득한 마음으로 8월을 즐겨본다

9월을 기다리며

뜨겁게 타오르던 태양도
한풀 꺾인 듯 힘을 잃어가고
매미 울음소리도 잦아드는
8월의 끝자락

높고 파란 하늘과 흰 구름처럼
싱그럽고 상쾌한 바람 불어오는
9월을 기다려본다

산들산들 코스모스 춤을 추고
길가의 들국화의 향이 코를 찌르며
황금빛 벼 이삭 고개 숙이는
가을의 문턱에 서면
내 마음도 풍요로워지겠지
단풍잎 물드는 가을
사랑하는 이와 손잡고
추억을 쌓고 싶다

여름에 지는 낙엽

홀로 먼저 떨어진 낙엽이
줄을 놓아야 할 만큼
많이 아팠구나
고운 단풍 사치스러운 소리

두 손에 담아
엄마 그루터기 옆 고이 누워
비바람 견디라고
한 줌 흙 덮었으니

엄마 나무
물오르는 내년 봄
남쪽 가지 자리 잡고
천수天壽를 다하리니

무서리 내릴 즈음
노란 옷 빨강 옷 갈아입고

노래하며 떨어지거라
춤추면서 떨어지거라

그리운 얼굴

허름한 목로주점에 들러서 마주하여
한 잔 두 잔 취하도록 마시며 재미있는 이야기
나눌 수 있는 사람이 있습니다

비가 오면 조그만 우산 속에
몸이 맞닿게 비를 피하며
"빗속의 여인"을 함께 부르며
한없이 걷고 싶은 사람이 있습니다

눈을 감아도 보이는 것은
당신의 아름다운 마음입니다
말은 못 해도 느낌으로 알 수 있는
이것이 사랑하는 마음인가 봅니다

전하지 못한 아쉬움 여울목 아래 숨기고
행여 나를 밀어낼까 봐
내 마음을 머리맡에 묻어둡니다

그대를 위해 언제든지
살며시 다가갈
따뜻하고 포근한 바람이고 싶습니다

金井山의 신비

구름도 쉬어가는 고당봉
사시사철 물이 마르지 않는
金魚가 살고 있는 금샘이 있어
신기한 모습 입전으로 소문나
산 이름을 金井이라 불렀고

단풍 물든 오롯한 올림으로
금샘 주르르 물들어지면
소복한 하늘 내려앉아
금빛 구름 타는 金魚
보는 마음 기뻐 어쩔 줄 모르는
기쁜 마음 새끼줄 꼬는

고당봉에서 바라보는
눈이 부시도록 사방으로 펼쳐진
거울처럼 맑은 아름다운 세상
파란 하늘 조각배 구름 타고
천상으로 가고 싶은 마음

장맛비

쏟아지는 빗방울이
메말랐던 땅
구석구석 찾아내리면

산과 들엔
초록빛 생명으로 태어난다
물이 있는 곳엔

어디든 새 생명이 싹트고
빛이 있는 곳에도
어디든 생명이 자란다

사랑이 샘물같이 흐르면
저기 고통에 신음하는
사람들 살아나고

진리가 햇빛처럼 비추면
어둠 속에 방황하는 이들
오리라

나는 사랑이 되고

너는 빛이 되어
생명수로 흘러 흘러

온 땅을 적시면
가뭄에 메말랐던
꽃들이 만발하고

빗방울과 함께 행복도 방울방울
맺혔으면 좋겠다
장마는 생명수가 되고

한낮의 폭염이
여름을 달구어도
참 생명으로 피어나면

장마가 지나간 자리에
뜨거운 여름날도
사랑으로 영글어 가겠지

쓸쓸한 여름

뙤약볕 쏟아지는 여름
청포도 사랑 익어 내리는 듯
추억 쓰담는 그리움이
엉글어 가는데
기타 퉁기며 부르는 노래는
님 그리워 우는 소리
님 보고파 우는 노래

줄줄이 엮이어 내리는 그리움은
그대 향한 애타는 마음
추억 속의 아련한 보고픔
외로워서 찾는 그대 모습
홀로 쓸쓸히 청포도 익어가는 원두막에 앉아
하모니카 부는 마음은
님 그리워 헤매는 괴로움인 것을
님 보고파 우는 그리움인 것을

그대 들으시는 노래는
노래가 아니라 애끓는
사랑의 눈물

소낙비

햇빛이 쨍쨍거리는 한여름
한줄기 소나기라도 내렸으면
오라는 비는 아니 오고
습기를 먹은 바람만 불어오니
불쾌지수만 올라가고
오히려 습기라도 없었다면
그나마 바람이 시원하겠건만
이렇게 불평하는 내 마음을 읽었는지
갑자기 먹구름을 동반한
한줄기 소낙비를 쏟아주니
조금 전에 불평했던 내가
미안한 생각이 든다
소낙비야 정말 고맙다
습기 먹은 바람아
이렇게 비를 가지고 올 줄
몰랐다며 어리석은
나를 질책해 본다
나는 참 어리석은
사람인가 보다

4부

햇살 속을 날아가는 하얀 새 한 마리
이슬이 맺혀있는 가을 아침을 깨운다
새하얀 구름이 하늘을 수놓고
평화로운 들녘엔 오곡백과 익어가네

두루박

설레이는 마음 안고
길을 걷는다

두루박 떨어진 마음은
출렁거리는데

멀어져 기다린 세월은
담길지 모르는
가슴앓이 빈자리

눈웃음 짓는
사랑 송이 드리워 내리는
임의 하얀 웃음
깨알 되어 마구마구 담아
출렁거리고 있구나

시월을 보내며

가슴에 여미는 사랑이
푸른 가을 하늘 되어 흐릅니다

푸른 마음에 푹 빠진
그리움에 우는 세월이
되고 싶습니다

꽃 피고 새 우는 날
낙엽처럼 떠나가 버린
추억 속에 남겨진 사랑
밤새 베개는
눈물범벅으로 지새우고

보고 싶은 그리움
가슴에 소복소복 담아
푸른빛 가을하늘 너머로
둥둥 띄워 보냅니다

좋은 점심

깊어가는 가을을 느끼며 감성에
젖어 드는 건
새로운 추억을
남길 수 있는
오늘이 있기 때문입니다

좋은 계절 오늘도
행복한 하루 보냅시다

가을의 노래 1

가을의 열매가 전하는 생명의 메시지가
가슴에 소복소복 쌓입니다
열매를 맺기까지 참아내
긴 시간들이 알알이 익어갈 때 인내와 믿음과
기다림과 고통의 인고가 있었습니다
가장 아름답고 튼실한 열매를 맺기 위하여
비옥한 시간을 가꾸는데 정성을 다 쏟았습니다
황금빛 벼 이삭은 바다로 출렁이고,
단풍잎은 핏빛으로 물들어 가며,
하늘에선 흰 구름이 큰 잔치를 준비하고 있습니다
감사가 넘치는 가슴은 자석처럼 매 순간마다
조물주의 은혜를 발견하게 됩니다
감사의 분량이 행복의 분량입니다
더딘 삶, 미완성도 감사로
물들이는 가을을 노래합시다

태화강 십리 대밭

태화강 십 리 대밭 저녁노을이 곱게
물듭니다
저무는 저녁노을이 아름답습니다
철새들도 먹이활동 끝나고
둥지에 쉴 터를 잡습니다
가을바람이 살랑살랑 불면 대나무도
함께 춤을 추는 그 옆을
사랑하는 님과 걸어갑니다
선선한 바람 맞으며
옛이야기 나누며 가을을 만끽합니다
울산 큰 애기 노래를 둘이 부르며
십 리 대밭에 흠뻑 취해 봅니다

가을 하늘

맑고 높은 파란 하늘에 뭉게구름 두둥실
바람은 산들산들 불어오는데 나 홀로
걷는 이 길 위에 가을이 내려앉는다
햇살은 눈부시게 빛나고
저 멀리 보이는 산들은
색동옷 갈아입고 있구나
쓰르라미 소리가
울타리 치고 고개 숙인
벼 이삭 사이로 소슬바람 지나면
가을 하늘 아래에서
나는 잠시 생각에 잠겨본다
내가 가야 할 길을
생각하며 앞으로 다가올 시간을
기약하며 가을 하늘을 바라본다
가을 하늘아 너는 참 아름답구나
아름다운 순간을 영원히 간직하고파
내 마음속에 소중히 담아 두리라

백로 白露

햇살 속을 날아가는 하얀 새 한 마리
이슬이 맺혀있는 가을 아침을 깨운다
새하얀 구름이 하늘을 수놓고
평화로운 들녘엔 오곡백과 익어가네
백로는 이슬 맺힌 사이로
자연의 아름다움이 더욱 빛난다
백로의 날갯짓 따라
가을이 성큼 다가온다 이 가을에
우리의 마음도 깨끗하고 순수한
이슬처럼 투명하게 씻어보자

가을밤

가을밤 들려오는 풀벌레 소리
구슬픈 가락에 내 마음 젖어 드네

추억 따라가는 마음
서러워서 더욱 빛나네

산들거리는 바람에
풀벌레 춤추는 밤

지난여름 무던히도 폭염과
열대야로 잠 못 이루었지만

애잔한 귀뚜라미 울음소리가
그리움으로 설레게 하는구나

이 가을이 가기 전 사랑하는
님과 가을밤의 끝을
함께 걷고 싶구나

추석

휘영청 밝은 달이
하늘 높이 걸렸네
나는 둥근달을 보며 소원을 빌어본다

우리 가족 모두
우애가 돈독하며
건강한 모습으로 만나고 싶다

나의 형제 모두
아프지 않고
웃으며 만나고 싶다

우리 친척들 모두
건강한 모습 보며
웃으며 지난 얘기하고 싶구나

친구들과 휘영청 밝은 달을
안주 삼아 술 한 잔 나누며
추억 얘기하고 싶어라

온 가족이 둘러앉아

송편 만들며 웃음꽃 피우고
귀여운 손주 재롱을 보는 것이
둥근달보다 아름답구나

풍요로운 한가위 넉넉한 마음으로
웃음꽃 피어나는 행복한 시간
이대로 영원히 멈추었으면

처서 處暑

유유히 흐르는 강변 풀섶 위
외롭게 하늘거리는 갈대 끝에
고추잠자리 함께 춤추고

힘차게 부르던 매미의
노랫소리도 잦아들고

사람과 가축들을 밤낮없이 괴롭히던
모기도 기세가 한풀 꺾였네

들판에는 곡식들이
고개를 숙이기 시작하는 계절

유난히 폭염이 기승을 부렸던
더위도 이제 물러가고 있구나

아침저녁으로 불어오는
시원한 바람을

처서가 가을과 함께
우리에게 다가오고 있구나

立秋

뜨거운 태양 아래 초록은 짙어가고
숨이 턱턱 막혀오는 더위에 지쳐
가을이 오기만을 손꼽아 기다렸는데

파란 하늘과 황금색 벼 이삭
코스모스 한들거리는 날 기다렸다

저 멀리서
선선한 바람이 불어오는
오늘이 立秋로구나

아직은 멀게만 느껴지는
폭염의 문턱을 지나
붉은 단풍이 그리워지는 계절

뜨거운 여름 뒤에 찾아올
가을을 기다리며
흐르는 땀을 닦는다

가을이 오네

농익은 여름은
검푸르게 무성한데
고추잠자리의 날갯짓이 해맑다

요동치는 폭염 속에
먹구름 헤치고
여기까지 왔는데

대추나무 홀로
분홍빛 지친 듯 쓴웃음으로 반긴다

하늘 향해 내민 새싹
고운 꽃 피더니
길쭉한 대추가 탐스럽다

맑고 푸른 하늘
눈을 시리게 하는데

아! 가을이 귀뚜라미와 함께 고추잠자리
등에 업혀 오는가보다
동산은 짙푸르게 잎 무성한데

대추는 해맑게 붉은 웃음 짓는다

요동치는 세월의 배는
먹구름 헤치고
기어이 오늘까지 왔는데

대추나무는 저 홀로
고된 웃음 뒤로하고
내내 분홍빛으로 반긴다

하늘 향해 내민 새싹
고운 꽃 피더니
길쭉한 대추가 활짝 웃는다

맑고 푸른 하늘 아래
내 눈은 시리고
아!
가을이 귀뚜라미와 함께
고추잠자리 등에 업혀 오네

가을의 노래 2

산들바람 불어와 코스모스 춤추고
나뭇잎도 덩달아 하늘거리고
서편 하늘엔 뭉게구름 떠가네

들녘엔 오곡백과 무르익어
황금물결 출렁이고
길섶 들국화 향기 품어대니

다정한 연인 낙엽 밟으며
찻집에서 사랑 얘기 나누며
옹골찬 열매 맺으면 좋겠네

밝은 달밤 귀뚜라미 우는소리는
떠난 님 그림자 지우듯
내 가슴 애간장 불태워 내리는데

관심에서 밀려난 마른 꽃 가지에
기적 같은 열매 달리는 가을
몸과 마음 정성껏 담아 내린다

한로 寒露

차가운 이슬이 맺히는 새벽
가을이 깊어가는 서늘한 바람 불어
황금빛 물든 들판에는

농민들의 땀과 노력이 결실을 맺고
형형색색의 가을빛 깔끔한
멋을 더해준다

국화꽃 피어나고
짙어가는 만추의 그윽한 향기
가을 풍취 절정에 이르며

한로의 찬 이슬처럼
가을의 기운을 느끼며
내 마음 깊은 곳에 스며든다

추분

어스름한 창밖은 아직
이마에 이슬처럼 땀방울 줄줄
더위는 기승을 부리는데

가는 세월 밉다고 가든지
신경 끈 세월에
무심히 달력 쳐다보니
오늘이 추분이구나

이제는 시원한 바람 불어와
더위에 지친 몸뚱아리
잉태하고자 몸부림치는
뭇 생명체들에게

활기가 넘치겠구나
산야에 오곡백과 무르익고
추분이 보름달같이 배불러 오는
가을이 기다려지는구나

넘치는 가을 속으로 달려가고픈 마음입니다

황혼의 넋두리

낙엽이 떨어지는 것처럼
마른 잎들이 떨어져서 한 잎 두 잎 날리는 것처럼
내 어느덧 고희 중반을 넘어가니
해가 서산을 넘어가듯 아쉬운 마음이 드는구나
그래도 시를 쓸 수 있어 기쁘니
모든 것 잊고 비 되고 바람 되어
이대로 즐거운 낙엽이고 싶다

내와의 가을

시월 초하루
대밭 사이에는 시원한 바람이 불어
그 바람 맞으려 구영 사랑 탁구
회원들과 함께 가슴을
열어 내와의 가을을 맛보러 왔다

바람 부는 날
앞에 보이는 논에서는
오곡백과가 익어가는 소리 들리고
앞산에는 나뭇잎이 붉게 물드는 소리

다람쥐가 도토리 까먹는 소리가 들리는 이곳이
바로 낭만이 물드는
내와의 가을이구나

회원들의 모든 시름들은
맑은 공기와 깨끗한 물에 푹 담가서
다 날려버리고 갔으면

내와의 가을이 익어간다
산골짜기 단풍은 홍엽이 되고

길가에 늘 선 은행잎이 노랗게
물들고 있구나

내와의 가을과 함께
나의 벗들과 우정을
나누며 멋진 추억을
간직하며 하루를 보내려 한다

고별

청명한 가을하늘 붉게 물든 단풍
흐르는 가을바람에
맥없이 떨어진다

떨어지기 싫어 몸부림치지만
버틸 수 없는 낙엽
한때는 푸르름을 뽐내며
푸른 시절 생각한다

지체에서 떨어지는 가랑잎
나뭇가지 사이로 휘둘리는 바람 타고
그네 타듯 떨어지는 낙엽

계절의 모퉁이에서 이기지 못하고
낙엽들이 떠나간다
그들의 삶이 이렇게
끝나는구나

그리움

오랜 세월
내 마음속에 간직한 사연
잊을 수 없습니다

가을바람에
낙엽이 떨어지는
모습을 보아도
그리움이 피어납니다

지난 세월이
많이 지나고 흘러갔지만
마음속 깊이 담은 내 마음은
사라지지 않습니다

못 잊어 그리움이
남아있지만 떨어지는
낙엽과 함께 가을바람에
날려 보내려 합니다

가을 여인

산들바람에 춤추는 나뭇잎처럼
흔들리는 그녀의 눈빛 속엔
가을이 스며든다

황금빛으로 익어가는 벼 가지처럼
흔들리며 춤추는 그 모습에
가을이 내려앉는다

맑고 푸른 하늘 속에도
그녀의 꿈과 희망 속에도
가을이 녹아내린다

그녀는 가을처럼 아름답고
그녀는 가을처럼 풍요롭고
그녀는 가을 낙엽처럼 향기롭다

가을 이슬 꽃잎에 맺히고
숨결 바람에 실려 흐르는
금빛 광야를 넘나드는 가을 여인

나뭇가지에 홀로 달려 있는

외로운 가을 여인이여

서릿발에 미소 짓는
잡초 군락 속의 보랏빛 가을 여인이여
나는 너를 사랑한다

떠나가는 가을아

가을이 바람에 날려
귀뚜라미와 함께
푸른 잎 타고 왔는데
어느새 오색 단풍 물들었네

산 밑의 개울을 보니
고운 옷 떠내려가는구나
떠내려 가는 너의 옷이 왠지
서글퍼 보이구나

남은 고운 옷도 바람이 불면
한 잎 두 잎 바람에 휘날리니
나의 마음을 아프게 하는구나

가을은 이렇게 빨리
여운을 남기며
겨울을 불러놓고
떠나려 하구나

가을이 오는 소리

시원한 바람 불어와
나뭇잎 사이로 스며들고
높고 파란 하늘엔 뭉게구름 두둥실
가을이 오는 소리 들리네

황금빛으로 물든 들녘엔
풍성한 수확의 기쁨이 가득하고
고추잠자리 갈대 위에서
가을이 오는 소리 가을비 타고 온다

귀뚜라미 우는소리 처량하게
내 마음을 울리며 다가오고
밤하늘의 별빛은 더욱 반짝이며
가을이 오는 소리 반겨주네

이 가을엔 사랑하는 이와 함께
손잡고 가을이 오는 소리 들으며
행복한 시간 보내며
내 삶도 더욱 성숙해지리라

5부

옛이야기에 꽃 피우고

술잔 기울이며 우정을 다짐하며

마음에 머무는 것은 이름 꽃

향수鄉愁

물안개 드리워 여명이 붉게 비치는
부산 초량 수원지 돌고 돌아
그 주변의 푸른 소나무 무리들
파란 꿈 가슴 비비는 개울가에서 놀던
동무들 보고파라
어릴 때 개울가에서 가재 잡고
헤엄치고 물장구치던 그때
그 동무들 지금은 방방곡곡 흩어져서
강 물결 건너 날아가 버린 새 되어
소나무에 그네 매어 놀던
시절 지나 지금은 흰머리 날리겠지
지난 추억 여미는 내 마른 얼굴에
향수의 눈물이 고이네

내가 시를 쓰는 이유

하얀 백지 위에
시를 쓰는 것은
개울가에서 좋은 수석 찾는 것과 같다
알맞은 언어를 찾아내어
한 단어 한 단어
좋은 문장을 만들어서
시의 세계로 빠져드는 순간
모든 걱정과 괴로움은 사라지고
오직 시만이 존재하는 시간
시는 무지개를 타고 하늘 너머
새로운 경험과 영감을 찾아
미지의 세계로 나아가는 것
때로는 슬프기도 하고
기쁘기도 했던 시들을 모아
세상을 더욱 아름답게 만들고 싶어
시 쓰는 시간은 나에게 삶의 원동력이자
세상의 희로애락을 연출하는
무대 감독이 된다

국민학교 여자 동기를 처음 만나던 날

철모르고 뛰놀던 어린 시절
나뭇잎 떨어져 잊혀 내린 뒤안길

64년 만에 만난 이필순 동기를
잃어버린 보석 찾은 것보다
더 기쁘네요

심어진 우정 잘 가꾸어
잔디밭 푸르름 번져 내리는 듯
전국에 흩어진 동문 찾아내어

동기회 활성화시킨 모임의
발전을 위해 헌신적으로
노력해 주셔서 감사합니다

구름처럼 모인 화합의 장에
참석 못 한 섭섭한 마음

감회가 스쳐 지나간 자리
되살아난 만남의 기쁨 속에
우정 다짐 철석같이 약속하고

이제 시간을 되돌릴 수 없지만
더 늦기 전에 이렇게 만나
옛날 추억 되씹으며

못다 한 우정 꽃 피우는
삶의 동반자로 영원히
함께 나아갑시다

중앙국민학교 15회 친구들아

교정에 울려 퍼지던 웃음소리
운동장을 가득 채우던 뜀박질 소리
손때 묻은 공책과 빛바랜 사진 속에

세월은 흘러도 잊히지 않은 얼굴들
이름만 들어도 가슴 설레던 그 시절
손잡고 뛰놀던 친구들은 어디에

보고 싶은 마음 구름처럼 피어오르네
그리움 담아 써 내려간 편지 한 장
바람에 실려 친구들에게 닿기를

함께한 추억들이 있기에
우리들의 우정은 더욱 빛난다
중앙국민학교 15회 친구들아

64년 전 함께 했던 추억들이여
영원히 우리들 가슴속에
살아 숨 쉬리

구영탁구 사랑의 우정

딱 딱 딱 딱
라켓과 공이 부딪히는 소리
함께 땀 흘리며 우정이라는
이름으로 하나가 되었네

같이한 세월 속에 실력은 쌓여가고
하하 호호 복식 게임
승리의 기쁨도 패배의 아픔도
다음엔 뒤바뀔 것이니 의미 없는 것
탁구로 맺은 인연
영원한 친구로 남으리

스승 같은 친구 일택日澤에게

따뜻한 미소와
부드러운 목소리가 아직도 생생한데
이제는 다시 들을 수 없구나

일택아日澤 하늘의 별이 되어
나를 비추고 있구나

내가 어두운 길을 걸을 때
나를 위해
너의 학교며 너의 멋진 친구들을
나를 의리 있는 사내라고 소개해 주었고
마로니에 술집에서 막걸리 마시며
나에게 나침반이 되어 주었지

친구가 다니는 서울대학교는 못 갔지만
한양대학교 입학했을 때
친구의 기뻐했던 모습

유일한 재산 목록 1호인 손목시계를
술집에 기꺼이 잡혀놓고
왕십리 시장 허름한 술집에서

막걸리 마시며 축하해 줬던
형 같은 친구 같은 하숙집에서 생활하며
나의 등불이 되어 주었지

그러다 군에 입대하면서
각자의 길을 갔었지

항상 편지를 하며
내 걱정 많이 하였지

친구여!
하늘에서 내가 살고 있는 모습을 보며
지그시 입을 다물고
웃고 있는 모습이 떠오르네

내 인생의 영원한 등대
언제까지나 너의 가르침을 기억하며
멋지게 살아갈게

친구여 사랑한다 그리고 고마웠다
하늘나라에서 만날 때까지 편히 영면하시게

그때 그 시절

산골짜기 작은 마을 저녁노을이 지면
친구들과 모여 놀던 그 시절이 그리워지네

파란 하늘 아래
뭉게구름 떠가고
풀 냄새가 가득한
동산 위에서 뛰놀던
토끼 눈처럼 빤짝빤짝 빛나는 눈으로
재잘거리는 웃음소리와
가끔씩 쌈박질한 친구들
지금은 모두 흩어져 버렸지만
마음속에는 언제나 남아있네

그리움으로
남아있는 그때 그 시절
시간이 흘러도 잊을 수 없는
소중한 추억들

세차장

먼지를 덮어쓰고 오는 차
먼저 고압호스로 더러운 때를
씻어내고 보글보글 거품이 차를 감싸면
세찬 물줄기가 차를 씻는다

얼룩과 먼지가 사라지고
고압 환풍기가 시원하게
물기를 제거하고 깨끗해진
차가 세차장을 나오면 차주의

환한 미소와 빤짝빤짝 빛난 차를 보면
내 마음도 빤짝
세차장은 마음까지 씻어주는 곳
깨끗해진 차와 함께 어디를 가려 하나

힘차게 내디딜 친구여

항상 씩씩한 최신만 친구의
절뚝이던 걸음걸이 볼 때마다
안쓰러워 마음이 아팠는데

다행히 수술이 잘되어
걸을 수 있게 되었으니
잊어버린 님 만난 듯 기쁜 마음 금할 수 없네

고교 동기 총무로 헌신적인 봉사로
우정의 징검다리 놓아주는
벗이었기에 쾌유를 비는
친구들 마음은 한결같았고

한동안 병실에 갇혀
나누지 못한 정 수북이 쌓인
친구들 만나 웃음꽃 활짝 피우고
그동안 아빠를 위해

애간장 태우며 아침저녁
병실로 와서 기쁨과 괴로움을
함께 했던 승원아 함께 기뻐하자꾸나

새벽을 열면서

봄의 여신들이 잠들어 있는
석남사 대웅전 뜰 앞에는
이름 모를 새들의 합창 소리로 새벽을 열고
불그스레 피어오르는 햇살은
염원을 기도하는 마음이
반야의 연꽃으로 피어나
온 세상을 밝게 물들이네
연둣빛 울창한 산세
눈길 끄는 꽃 빛깔 청초한 산수국
소박한 분위기 향내음 풍기며
부처님의 경지를 감지하는 도량
이렇게 편안한 마음으로
평생을 살아가면 좋으련만
태어남도 인연이고
돌아감도 인연이니
무아의 경지로 전진하라는
부처님 말씀 따라
새벽을 여는 발길 머물고 싶은
가지산 석남사

119구급대원

사이렌 소리가 들리면
어디선가 나타나는
우리의 영웅들

위급한 상황에서도
침착하게 대처하며
환자의 생명을 구하는
그들의 모습은
진정한 영웅입니다

뜨거운 불길 속에서도
위험한 사고 현장에서도
두려움 없이 달려가는
그들의 모습은
우리의 가슴을 뜨겁게 합니다

우리의 안전과 생명을 위해
언제나 최선을 다하는
119구급대원들에게
감사와 존경의 마음을 전합니다

그들의 노고와 희생이

우리의 삶을 더욱 안전하고

풍요롭게 만들며

행복을 지켜주시는 고마운 용사

어릴 때 친구

어릴 때 친구들아
반갑구나 반가워

우리 어렵게 만나
옛날의 추억을 안주 삼아

밤이 깊어가는 줄 모르고
64년 전 철없었을 적 이야기 나누며

남은 인생 이렇게
즐겁게 살아보세

꽈배기

어릴 적 엄마 따라 시장 가던 날
노점에서 기름에 튀겨서 설탕에
묻힌 꽈배기가 먹고 싶어 떼쓰던 날
엄마한테 혼났던 생각이 난다

사랑하는 자식인데 무엇이
아까워서 안 사주셨는지
그때는 몰랐다
꽈배기 노점상을 힐끔힐끔 뒤를 보며

집으로 왔던 철없었던 시절
빠듯한 살림살이에 이것저것 사고
가진 돈이 없어서 못 사준다는 생각 못 한
지난날의 추억이 아련하구나

동심의 추억

파란 하늘 아래 뛰놀던
아이들

오늘 나는 동화 속
주인공이 되었다

국민학교 졸업
단기 4293년, (1960년)

서로의 눈빛 속에 어린 시절의
모습이 담겨있다

이야기꽃 피우니 64년 전
6학년 어린이로 되돌아갔다

옛이야기에 꽃 피우고
술잔 기울이며 우정을 다짐하며

마음에 머무는 것은 이름 꽃

청마 유치환 선배님을 그리며

생전에 마음 곶감 익어 내리려고
줄줄이 엮어 내린 선배님의 시집들

책갈피 펼쳐 읽으면 읽을수록
음률은 녹아내려
마음에 조청같이 달라붙는데

깃발 시는 교과서에 실려서
학창 시절 내 마음을 사로잡았습니다

가야 공원 비석에 새겨진 비문
나 떠나면 바위가 되고 싶다는
청마 선배님의 음성이
귓가에 맴돌고 있습니다

이제는 먼 산을 바라보는
부엉이처럼 저녁을 등지고
노을을 바라보며 바위 속에 계시는
선배님의 이름을 불러 봅니다

내 고향 부산 초량 4동 산동네

내 어린 시절
많은 새들이 온갖 꽃들의 아름다움에 취해
지지배배 짹짹 짹짹
바위틈 속에서 홀로 핀 민들레

꽃 속이 부끄러워 고개 숙인 할미꽃
길가의 개나리꽃
위용을 자랑하는 살구꽃
우리 집 마당에 핀 봉선화
채송화와 나팔꽃
아름다운 추억되어

여름엔 개울가에 가서 가재 잡고
피라미 잡으며 뛰어놀던 시절
서로서로 등목을 감아주며
친구들과 제기차기와 자치기 놀이에
엄마가 밥 먹으러 오라
할 때까지 웃으며 뛰어놀았다

저물녘
호롱불에 글 읽는 소리와

어머니의 빨랫방망이 두드리는 소리

눈 감으니 옛 친구들과 함께
옛 추억이
새록새록 떠오르네

당신의 미소가 그립습니다

아직 하고 싶은 이야기가 많은데
목 놓아 불러봐도
애타게 찾아봐도

당신은 이미 하늘나라의 별이 되어
엷은 미소를 보내고 있습니다
모진 고통과 시련 속에서도
다른 사람 걱정하며 미소 짓던 당신

5월 14일 우정동 영안반점서 만나자 약속 후
급히 대학병원 91 격리 병동 입원 후
5월 25일 92병동으로 입원

문자 받고 찾아뵌다는 게
그냥 지나친 게 얼마나 후회되는지
당신의 조용한 목소리가 바람이 되어
나의 뇌리를 스쳐옵니다

어려울 때 함께 고성으로 서울로
다니며 미래를 설계했던 그 시절
항상 남을 배려하며 정의에 불탔던

당신

사랑하는 부인과 아들딸 사위
눈에 넣어도 아프지 않을 손주들과
재미있게 사실 텐데
무엇 때문에 빨리 가셨나요

모든 것 다 잊으시고 고통 없는
하늘나라에서 당신 가족들
잘 되시게 돌봐 주시고 편히
영면하소서

*친구 (고) 박순호를 추모하며 2024년 6월 4일 23시 10분

부산 중앙국민학교 송년회

어릴 때 꿈꾸었던 우리들
그 꿈을 키워온 소중한 추억의 터전
긴 긴 세월이 흘러도 변치 않는 마음
오늘 우리는 이 자리에 모였다

선배님들의 근엄한
미소 속에 담긴 지혜와 경험
후배들의 초롱한 눈빛 속에
담긴 열정과 패기
우리 모두 함께 어우러져 하나가 되니
이 밤을 영원히 잊지 못할 추억되리라

서로 다른 삶을 살아왔지만
여기 모인 우리는 모두 하나의 가족
난생처음 함께하는 순간
이 기쁨과 감동을 영원히 간직하리라

부산 중앙국민학교 동문들이여
영원히 빛나리라

상식, 병욱, 학종 친구여

적막의 장벽을 걷어내고
새벽을 달린다
밤이 깊어지면 적막은 조용히 다가오는 한줄기
오아시스
상식, 병욱, 학종 친구여
그 외로운 밤
커튼과 적막 사이
괴리된 두 눈은 갈 길을
잃고 검은 눈동자는
사방을 즉시 할 터
그대들 적막을 다 걷어내시고
바람 소리를 만드소서
그리고 활짝 웃는 모습으로 뛰어나오시게
언제 적막 속에 있었느냐
지난 고통 속 적막을 이야기하며
한평생
웃으며 지내보세그려

눈바람

눈이 내립니다
내 마음에도
하늘에도

눈바람이 붑니다
세상을 다 삼킬 듯
하늘도 땅도

눈바람으로 고통이 많지만
살아가는 능력을
스스로 만듭니다

신이 인간에게
모든 생명체에게 준 능력
적응력 존재합니다

힘든 고통도
지나가리라 믿어보세요
곧 눈바람이 멈출 시간을 만나게 될 거라고

서산에 해 넘으면

서산에 해 넘으면
군불 지핀 아랫목에 짤짤 끓는 정으로
날마다 기적 속에 살아감을 감사하고

하루해 뜨고 지는 자연의 섭리
차고 기우는 달과 별 보내고 맞는
사계 경치 보며 춤사위 벗하여

솔바람 푸르게 일어서는 한적한 곳에
사랑 둥지 마련해 감사 기도드리며
사랑하는 사람과 이렇게 살고 싶다

쓸쓸한 밤

어둠이 내려앉은 밤
고요함 속에 나 홀로 깨어있네

귀뚜라미 서글프게 우는소리에
그리운 얼굴들이 하나둘 떠올라

오늘도 하루가 이렇게 지나가는구나
친구들과의 즐겁고 기뻤던 하루

누워서 생각하며 잠을 청해 보지만
잠은 오지 않고 천장과 대화한다

쓸쓸한 이 밤도 지나고
여명이 밝아 오면

다시 즐거운 마음으로
희망찬 하루를 반기자

표충사의 가을

높고 화창한 파란 하늘
밝게 빛나는 햇살
억새풀 스치는 갈바람
불어오고 우리의 사랑도
익어가는데

포근하고 따사로운 햇살
온 누리에 가득하네
표충사의 맑고 웅장한 가을 하늘에
그녀와 함께 푸른 하늘 바라보니

맑은 하늘이 축복하듯이
구름 한 점 없이
어머님 품속같이 푸근하고
따사롭게 느껴지네

어린 시절 어머님께 혼나 쫓겨 나와
담벼락에서 화가 풀리실 때를
기다리며 하늘을 쳐다봤을 때의
맑고 높은 푸른 하늘 같구나

6부

당신의 손끝에서 태어난 꽃

그리움의 향기로 가득 차

마음속 깊이 스며드는 따뜻한 온기

사랑의 노래로 울려 퍼져

사랑하는 그대에게

내 마음속 깊은 곳에 자리 잡은 당신
언제나 내 눈에 아른거리는 그대여
내 심장이 뛰고 있는 이유
내가 살아가는 이유

그것은 바로 당신 때문입니다
당신을 향한 내 사랑은 태양보다
뜨겁고 바다보다 깊고 별보다 반짝입니다

우리의 사랑을 하룻길에 띄우고
영롱한 마음을 저어
오작교 같은 다리에서
만남을 가지는

당신과 함께하는 모든 순간이
나에게는 가장 소중한 시간이 될 겁니다

당신을 사랑합니다
당신을 사랑합니다
앞날의 화려한 사랑이리오

당신의 이야기

당신의 손끝에서 태어난 꽃
그리움의 향기로 가득 차
마음속 깊이 스며드는 따뜻한 온기
사랑의 노래로 울려 퍼져

아버님의 약주 잔에 담긴 세월의 무게
그 속에 숨겨진 이야기
어머님의 할미꽃에 얽힌 피맺힌 진달래꽃 이야기

작은딸의 무한한 가능성을
꽃 피우는 그때를 기다리며

이 모든 노래가 하나 되어 내 마음을
울리는 오케스트라로 당신의 작품 속에서
인생의 의미를 되새기며

변종옥 소설 작가의 다음
이야기를 기다려 봅니다

가슴에 내리는 비

비가 내립니다
내리는 비에 내 그리움도
젖을까 봐 우산을 준비했습니다
보고 싶은 그대

오늘같이 비가 내리는 날은
그대 찾아갑니다
우산을 썼지만 옷도 다 젖었고
그리움에 내 마음도 젖었습니다

벗을 수도 말릴 수도 없지만
비 내리는 날 어두운 하늘에
내 가슴속엔 하얀 하늘이 보입니다

비 내리는 날은
하늘이 어둡습니다
그러나 마음을 열면
맑은 하늘이 보입니다

그대가 있는 파란 하늘이 보입니다
비가 내리면 그리움과 함께

우산을 들고 나갑니다
그리운 그대를 생각하면서

늦은 밤인데도
정신이 더 맑아지는 것을 보면
그대 생각이 비처럼
내 마음을 씻어주고 있나 봅니다

*베란다서 새벽 두 시 서쪽으로 지는 달의 모습입니다

외로움

어둠이 산사 물들이면
대웅전 용두 하늘 위
반짝거리는 별 하나
아무리 불러봐도 대답 없고
서로 단짝 되어 위로해 주는

귓가 두드리는 차가운 바람
녹아내리는 별빛
달래 주려고 애쓰는데

바람 소리에 놀라
밤의 적막 깨트리는 풍경소리
먼지보다 더 낮게
고요 속에 파묻히는 외로움은
슬픈 마음 끝이 없고

인연 따라 스치는 외로움은
잘 아물지 못하는 슬픈 사연으로
새벽녘 별 되어 떨어지는 마음

아직도 보고 싶은 사람이 있다는 건

당신의 목소리가 듣고 싶습니다
당신의 얼굴이 보고 싶습니다
보고 싶은 마음은
하늘에 떠 있는 구름 같아서
멈출 수 없습니다

당신이 좋아하는 음악을 들으며
맛있는 차와 향 좋은 내음을 맡으며
저 앞 새파란 바다를 쳐다보며
무한정 함께 있고 싶습니다

보고 싶은 내 마음은
그리움으로 변하여
내 가슴을 아프게 하지만
그것이 사랑이라는 것을 알기에
나는 오늘도 당신을 그리워합니다

선생님 힘내세요

당신의 해맑고 밝은 웃음소리가
그리워지는 밤입니다

암이라는 큰 시련 속에서도
고된 수술과 고통을 이겨내며
꿋꿋하게 이겨내신 당신의 용기와 의지에
박수를 보냈습니다

하지만 오늘 당신의 목소리는
너무나 힘이 없고 지쳐 보였습니다

병원에서 금식 후 검사를 받기 위해
대기하고 계신다는 소리에
내 가슴이 무너졌습니다
그런데도 나는 내 할 말을 하였습니다

당신이 얼마나 힘든 시간을
보내고 있는지 생각 못한
나의 어리석음을 용서해 주십시오

당신의 강인한 정신력과

따뜻한 마음이 병마를 이겨내는데
큰 힘이 될 것입니다

당신은 우리의 희망입니다
당신은 우리의 사랑입니다
선생님 언제까지나 사랑합니다

님이여

보고 싶고 그리워하며
이 밤을 맞이합니다

당신의 새까만 눈동자와
새까만 머리칼
훤칠한 큰 키에 미소 짓는 그대

밤하늘의 별빛처럼
미소 짓는 그대의 모습이
아직도 내 가슴속에 머물고 있습니다

한 폭의 아름다운
수채화처럼 다가오니
보고 싶은 그대의 얼굴 그리움만 가득합니다

당장이라도 보일 것만 같은 님
하늘에 그리움을 담아 편지를 보냅니다

이 밤도 님의 모습
가슴 깊이 품은 채
밤하늘 보며 별만 셉니다

사랑의 향기

별빛 쏟아져 내리는
고요한 이 밤
귀뚜라미도 잠시
숨 고르다

은하수 달빛에
물든 가지 사이로
녹이는
사랑의 향기에 놀라

만지작거리는 사랑은
별빛 녹이는 마음으로
긴긴 여울물 되어
흐르고 있구나

허브 힐링 차

화창한 늦가을 오후
그대와 손잡고
낙엽 밟으며

허브차 농장에서
각양각색의 꽃향기 내음과
잔잔한 바람 소리 들으며

사랑하는 님이 있으니
향긋한 허브 힐링 차 맛과
사랑에 취해본다

눈 내리는 날의 회상

이브 몽땅의 고엽을 들으며
나는 당신을 떠올립니다
주옥같이 낙엽 떨어지는 영롱한
피아노의 울림과
한 잔의 따뜻한 커피 향 내음

우리가 어깨를 나란히 하고
노을 진 길을 걸으며 나누었던
대화들을 되새겨 봅니다
낙엽 떨어지는 가을이 지나면
눈 내리는 겨울이 오겠지요

지난겨울 눈 속을
손잡고 걸었던 추억을
되새기며 또다시 당신과
추억을 쌓아 가고 싶습니다
러브 스토리의 snow frolic을 들으면서

고교 친구들과 울산 주전서 만나던 날

김해서 온 유창수 친구여
해운대서 온 동기회 회장 양해식
만덕에서 온 동기회 총무 최신만
울산의 친구 유병욱 김윤태
그리고 나
우리는 이렇게 하나로 뭉쳤다

한정식에 담긴 맛있는 식탁 위에
우리의 추억 어린 우정이 합쳐진
그 맛은 어느 산해진미와 비교할 수 없었다

동해를 바라보는 전망 좋은 찻집에서
고교 시절의 추억과 함께했던
학우들의 안부를 서로 물으며
시간 가는 줄 모르고 이야기꽃을 피웠다

다음 만남을 기약하며
추억 사진 한 장 남기며
우리의 우정은 영원하리라 다짐했다

울산까지 와준 친구들이여

언제까지나 건강하고 행복하길 바란다
다시 만날 그날까지
안녕히 잘 지내시게

마음속에 그리는 여인

내가 그리워하는 여인이여
눈부시게 아름답지는 않아도
마음만큼은 비단결 같은 여인
내 마음을 온통 사로잡습니다

내 가슴속에 살아 숨 쉬며
함께 있으면 시간이 어떻게 가는지도
모르게 만드는 여인
내 마음속에 그리는 여인이여

비록 지금은 내 곁에 없지만
마음만은 언제나 함께 있어
통화할 때면 가슴을 뛰게 하는 여인

나는 그녀를 사랑합니다
변치 않을 사랑으로
오늘도 그녀를 그리워합니다

모닝커피

따뜻한 커피가 생각나는 아침입니다
그윽한 향기가 생각나는 시간이기도 합니다
오랜만에 찾아온 아늑함이
이 순간을 즐길 수 있는
행복인지도
모르겠습니다
어제까지 그렇게 뿌려대며
서러움에 젖었던 하늘은
그 비를 내어보내고는
무슨 심술을 그리도 부리시나요
해맑은 해님을 만나게 해주시면
하고 기다리는 이 시각도
어쩌면 행복인지도 모르겠습니다
창가에 앉아서
언제나 날 반기는 향기로운 호접란과 눈을 맞추며
아름다운 선율에 휩싸이고
커피 한 잔에 몸을 실어
깊은 시름에 젖어 봅니다

커피 향 내음

흔들리는 나뭇잎 사이로
햇빛 반짝이는 장단에 맞춰
노래하는 새소리는
그리움 불러 모으는
바람 소리였던가
보고 싶은 그리움
당신과 함께 갔던 일산 해수욕장의
전망 좋은 커피숍에서
향기 가득한 커피를 마신다
커피 향 내음은 그리움으로 피어나
반가운 모습으로
대답하는 것 같은데
불러도 대답 없고
먼 하늘에 계신
그리움에 사무치는 마음은 흐르는 눈물 되어
커피잔 속으로 떨어지고 있구나

잠 못 이루는 밤

고요히 흐르는 시간 속에
잠들지 못하는 밤이 찾아오면

마음속에 떠오르는 수많은 생각들
지나간 추억과 다가올 미래의 기대

잠들지 못하는 밤은
고독과 함께 찾아오는 외로움

고요히 흐르는 시간 속에
나 자신과 마주하는 시간

잠들지 못하는 밤이 찾아오면
마음을 비우고

고요히 흐르는 시간 속에
조용히 눈을 감아본다

그리움은 강물처럼

산골짜기 굽이굽이 돌아 흐르는 강물처럼
내 그리움은 흐르지 않고
그 자리에 고여 있다

그대가 보고 싶을 때마다
그리움은 더욱 깊어져서
강물 위에 그려보며
그리움에 잠겨본다

이제는 가슴 가득 차올라
넘쳐흐를 것만 같다

강물처럼 흘러서
그대에게 닿을 수 있다면
생각만 해도 행복할 거야

하지만 그리움은
흘러가지 않고
그 자리에 고여
더욱더 깊어만 간다

커피 그대 그리고 나

새소리와 나무 흔들리는 소리가 들린다
물소리와 바람 소리도 들린다
그대 생각에 커피 한 잔을
커피잔에선 커피 향내와
그대 소리도 들린다
커피 한 잔 그대와 맛있게 마시려고
전화기를 들었는데
막상 전화할 곳이 없다

첫 기도

밤배가 항로를 잃어 헤매고 있을 때
희미하게 비춰주는 등댓불의 인도로
항구를 찾아오듯이 살아가는 데 힘이 들어
방황할 때 내 친한 친구가
나를 조그만 안식처로 초대해 주었다

추운 겨울 지나고
따뜻한 봄바람이 불면
파릇파릇 새싹 돋아나듯
하나님의 따뜻한 바람이
마음에 불어왔나 보다

씨앗 심어 꽃 피우려고 하면
흙과 물이 필요하듯이
믿음 씨앗 가꾸려고
자석에 이끌리듯 빨려 갔나 보다

하나님을 섬기는 규모는 작지만
알찬 다대포의 등대교회로 인도해 주는
장로인 내 친구와 함께 십자가 앞에 앉았다

찬양의 찬송가와
목사님의 기도 소리 퍼지는 축복받는 신전에서
믿음의 싹을 피워 달라는 간절한 소망의 기도 소리에
하나님 나라에 푹 빠져들어 가는
애절한 나의 모습

강변 찻집

태화강 올레길을 걷다가
만난 전망 좋은
통나무 찻집에 들렀다

둥근 탁자 위 촛불
신들린 듯 춤추는 모습에
나도 모르게 몸을 들썩인다

산 그리메는 강물 속에 웅크린 채
슬픈 황소처럼
용솟음치려 하고

떨어지는 낙숫물 소리는
아기 달래 잠재우듯
지쳐 내린 마음에 활기를 불어넣고

촛불에 불타는 마음은
커피 향기에 취해
강물 따라 너울너울 춤을 춘다

초읍 교회 가는 날

2024년 4월 7일 화창한 봄날 아침
울주군 범서 구영리서 초읍 교회
가는 버스에 몸을 실었다

거리가 멀어서 망설이곤 했는데
교회 권사님께서
한 달에 한 번만이라도 와서
은혜를 받으라는 고마운 말씀

전날 밤 몸과 마음을 정갈하게
한 뒤 그분을 뵈러 갔었다
교회 중간 좌석에 앉아서

하나님의 말씀을 알아듣기 쉽게
전해주시는 목사님
기도 구절 끝 무렵도 침묵이니

안갯속에 묻어있는 때를 말끔히
씻어 내고 내가 지은 죄
촛물 내리듯 흘러내리네

아, 60년 전의 친구 이야기

중학교 친구 김 우

기억이 가물가물하구나
곧 팔십을 바라보는 우리들이구나
쉽게 60년 전이라고 해두자
그 시절엔 가정이나 사무실에
일성 금고 한두 개쯤 있어야 부티도 나고 든든하였기에
거의 캐비닛을 갖추고 있던 시절이었지
일성 금고의 캐비닛은 요긴한 보물 같은 물품이었지
난 지인들과 광복동
일성 금고 앞을 지날 땐 옆의 지인에게
일성 금고의 아들이 내 친구라고
자랑해 놓곤 속으론 엄청 기뻐하였고 흐뭇하였었다
한 집 안에 직위 높은 자가 있다면
큰 자랑을 했던 것처럼 부유했던
대사업체 일성 금고의 아들이라
친구인 것만 해도 큰 자랑거리였었다
그 후 외국영화에서만 볼 수 있었던 볼링이
국내에 들어와 부러움과 호기심으로 충만했던 그때
볼링 선수 조지홍 선수가 티브이에 나오길래

기절할 정도로 놀라고 말았다
대단한 친구구나 하고 감탄하였지
그 후 마라토너로 노익장을 보여주면서
노인들에게 희망을 주었고
지금은 시인이 되어
향토 시민들에게 좌절하지 말고 살아가라고
지도층이 되어 있으니 행복한 삶이었네
어려운 이들에게 하모니카 기타 쳐주며
봉사하면서 살아가고 있으니
세 자녀에게 훌륭한 아버지이다
행복한 삶이었다
여강 시인님!
고맙소
고맙소

2022년 8월 19일, 아침

*오늘 아침에 중학교 친구에게서 카톡이 왔길래 한번 올렸습니다. 옛 생각이 많이 나는 아침입니다

| 해설 |

솟구치는 그리움이 무지개로 떠오르다

정영애 (시인 · 문학박사)

　여강濾江 조지홍 시인은 고희古稀인 칠십 중반 나이에 등단한 늦깎이 시인이다. 2022년 등단하여 활화산의 열정으로 용암이 분출하듯 2024년 최근까지 일백여 편의 시들을 발표했다. 누에가 뽕잎을 먹고 비단실을 만들어 우리를 놀라게 하는 형국으로 시인은 일상언어로 가신 임과 가족과 친구들, 지인들과 자연에 대한 사랑과 그리움을 시로 풀어냈다.

　시인이 삶에서 마주하게 되는 자연과 사람과 사물 속에서 추억의 영상을 재창조했다. 가슴에 고인 그리움을 분수로 뿜어내어 쌍무지개로 떠오르게 했다.

　하늘과 땅, 바다와 달과 꽃, 별과 강물이 흐르는 숲에서 자신의 헛헛함과 아쉬움과 희망을 노래하고 있다. 일과 운동과 여러 모임 활동을 하면서 매 순간 느끼는 감성을 절차탁마切磋琢磨의 정신으로 시 창작을 통해 보석으로 반짝이게 했다.

　시인은 청마 유치환을 귀감으로 삼아 오늘도 회상의 숲을 걸으며 자신의 따듯한 감성을 시로써 노래하고 있다.

하얀 백지 위에
시를 쓰는 것은
개울가에서 좋은 수석 찾는 것과 같다
알맞은 언어를 찾아내어
한 단어 한 단어
좋은 문장을 만들어서
시의 세계로 빠져드는 순간
모든 걱정과 괴로움은 사라지고
오직 시만이 존재하는 시간
시는 무지개를 타고 하늘 너머
새로운 경험과 영감을 찾아
미지의 세계로 나아가는 것
때로는 슬프기도 하고
기쁘기도 했던 시들을 모아
세상을 더욱 아름답게 만들고 싶어
시 쓰는 시간은 나에게 삶의 원동력이자
세상의 희로애락을 연출하는
무대 감독이 된다
-「내가 시를 쓰는 이유」 전문

1. 아내의 투병 생활과 사별 후의 그리움

시인은 아내의 투병 기간 26년을 함께 하면서, 지극정성으로 보호자와 가장으로서 책임을 다하면서 바쁘게 살았다. 맏딸이 만들어준 자신의 호 - 여강(濾䃁, 맑게 할 여. 우뚝 솟을 강)처럼 가정을 맑게 행복의 보금자리가 되도록 이끌었습니다. 투병 생활 중 23년을 주 3회 혈액투석을 받고, 마지막엔 고관절 수술도 받고, 회복 단계에서 뇌출혈로 하늘나라로 떠나보낸 후 안타까움과 그리움의 심정을 적으면서 시를 쓰게 되었습니다. 가슴에 고이는 슬픔, 보고 싶은 마음을 시로 호소하면서 가슴에 꽃씨로 심었습니다.

고통 속에 시달리는
당신을 볼 때마다
안타까운 마음
차라리 현실이 아닌
꿈이었으면 하는 바람이라오

26년간 병마에 시달린
고통 속에서도 잘 견뎌 왔는데
취미인 사군자 그리기와
서예를 좋아했던 당신
그리고 가족들 입에 맞는 맛있는
음식도 만들고 싶다며
빨리 집에 가고 싶다고
입원 와중에서도
안달 부리던 날들이
셀 수 없이 많았는데

이제는 먼 얘기
생각하면 눈물만 납니다
혈액 투석기는 쉴 새 없이 돌아가고
코엔 산소 공급기에 달린

호스를 보고 있노라면
삶을 포기했는지
눈 감고 입술 다문 모습
속 타는 마음은
천 길을 넘나드는데
아무것도 해줄 수 없는
다만 하늘 향해 두 손 빌고 또 비는
마음도 아랑곳없이
울어도 소용없는
슬픈 마음만 남기며
당신은 조용히 눈물 흘리며
영원히 떠나갔습니다

오늘이 당신 떠난 지 3년 되는 날입니다
당신 영정 사진 앞에서
애달픈 마음 술잔 속으로
달래고 있습니다

-「중환자실」 전문

산골짜기 굽이굽이 돌아 흐르는 강물처럼
내 그리움은 흐르지 않고
그 자리에 고여 있다

그대가 보고 싶을 때마다
그리움은 더욱 깊어져서
강물 위에 그려보며
그리움에 잠겨본다

이제는 가슴 가득 차올라
넘쳐흐를 것만 같다

강물처럼 흘러서
그대에게 닿을 수 있다면
생각만 해도 행복할 거야

하지만 그리움은 흘러가지 않고
그 자리에 고여
더욱더 깊어만 간다

─「그리움은 강물처럼」부분

2. 더욱 깊어진 가족 사랑

시인은 아내가 떠난 보금자리인 가정을 사랑으로 보듬어 지키고 있다. 용기와 희망을 주는 시로 뜨거운 부성애를 전한다. 아내의 선물인 세 자녀를 위해 격려와 감사와 긍지를 북돋우고 있다.

너희들의 아픔은 곧 나의 아픔이요
너희들 기쁨은 나의 기쁨이라
부족한 그늘에 험난한 길 마다하지 않고
묵묵히 너희들 갈 길을 힘차게 걸어간
내 아들아!
내 딸들아!

가슴 시리도록 미안하고
또한 고맙고 한없이 사랑한다

나라의 기둥이 될 사랑스러운
나의 아들, 나의 딸들아!

  −「사랑하는 내 아들아 사랑하는 내 딸들아」 부분

내 사랑하는 손녀 리사야
건강하게 자라다오
달은 나뭇가지에 걸터앉아
리사가 깰까 지켜보네

어느덧 깊은 잠에
리사는 이불 속에서도 새근새근
리사가 성장하더라도
달은 잠을 못 잔다
달은 그렇게 세월에 늙는다

달아 너의 엄마도 그렇게
늙어갔단다
  −「세월」 부분

3. 계절의 변화 속에서 느끼는 생명력과 치유

시인은 어김없이 오가는 계절의 흐름과 자연의 억세고 힘찬 생명력을 보면서 자신의 그리움과 슬픔을 가라앉히기도 하고 삭이

기도 한다. 특히 얼었던 땅이 녹고 만물이 새롭게 소생하는 봄에 대한 놀라움과 정기가 촉촉한 감성으로 표현된다. 태양의 계절 여름과 단풍의 가을, 하얀 눈의 오는 겨울의 정서를 자신의 내면적 아픔을 달래는 노래로 풀어내고 있다. 자연의 신비는 시인의 어깨에 날개를 달아주어 자유로운 비상을 꿈꾸게 한다. 시인의 가슴에 새로운 활기를 불어넣어 준다.

비가 내린다
그렇게 가뭄에 목타던
내 가슴에
비가 내린다

보고 싶은 마음 가뭄에
불꽃 타올라
가눌 길 없는데

따스한 그대 눈물 맞으며
사랑하는 그리움 싣고
피어나는 매화 향기는
귓전에 살며시 머물고 있구나

-「봄비」 전문

휘영청 밝은 달밤 개울둑 지나는데
슬피 울어대는 개구리들
무슨 슬픈 사연 있어서
저리도 울어대는지

밤새 울고 나면 막힌 속이 뚫리고
서러운 마음도 사라지느냐

나도 막힌 속 풀고파
너와 함께 밤새 울어볼 거나

-「개구리 울음」 전문

4. 동심의 추억과 새로운 희망

시인은 황혼의 나이에 만나게 된 부산 동창과 친구들에게서 진한 우정과 추억을 회상하며 기뻐한다. 울산 지역에서 운동과 취미활동을 하는 사람들과도 정겨움과 사랑을 나타내고 있다. 그들과 함께하면서 생기와 활력을 다시 찾게 된다. 아름다움과 생명력을 지닌 모습들을 보면서 위로를 받고 희망을 갖는다.

붉게 물든 하늘 아래
다대포 바다가 일렁인다

황금빛 모래사장 위로
붉은 노을이 내려앉고
갈매기들은 노을빛에 취해
춤을 추듯 날아다닌다

바다 위에 떠 있는 작은 섬들은
노을빛에 물들어 보석처럼 반짝이고
사람들은 저마다의 추억을 만들며
저녁노을에 취해 있다

다대포의 저녁노을은
나에게 위로와 희망을 안겨준다

-「다대포의 저녁노을」 전문

깊어가는 가을을 느끼며 감성에
젖어 드는 건
새로운 추억을
남길 수 있는
오늘이 있기 때문입니다

좋은 계절 오늘도
행복한 하루 보냅시다

-「좋은 점심」 전문

딱 딱 딱 딱
라켓과 공이 부딪히는 소리
함께 땀 흘리며 우정이라는
이름으로 하나가 되었네

같이한 세월 속에 실력은 쌓여가고
하하 호호 복식 게임
승리의 기쁨도 패배의 아픔도
다음엔 뒤바뀔 것이니 의미 없는 것
탁구로 맺은 인연
영원한 친구로 남으리

-「구영탁구 사랑의 우정」 전문

5. 시를 향한 결의와 다짐

시인은 자신의 호 여강濾躃처럼 세상과 주변을 맑게 씻어 우뚝 세우고자 하는 바람으로 꾸준히 일상생활을 통해 직접 느끼고 떠오르는 심상을 시로 빚어내고 있다. 시집에 수록될 시들을 읽으며 시인이 그린 세계를 함께 걸으며 명상하고 공감을 하게 될 것이다. 많은 분량의 작품들이기에 주마간산走馬看山 식으로 읽지는 않을까 하는 우려도 있습니다.

> 낙엽이 떨어지는 것처럼
> 마른 잎들이 떨어져서 한 잎 두 잎 날리는 것처럼
> 내 어느덧 고희 중반을 넘어가니
> 해가 서산을 넘어가듯 아쉬운 마음이 드는구나
> 그래도 시를 쓸 수 있어 기쁘니
> 모든 것 잊고 비 되고 바람 되어
> 이대로 즐거운 낙엽이고 싶다
> ―「황혼의 넋두리」 전문

시인이 흐르는 강물처럼 써 내린 시들은 우리의 감성과 정서를 깨끗이 씻어주어 우뚝 솟은 산이 되는, 감성의 카타르시스를 맛보게 하리라 기대된다.

시인의 다짐과 결의를 거듭 승화한 「황혼의 넋두리」를 끝으로 음미하면서 주제별 내용으로 분류하여 읽고 쓴 작품 해설을 간략하게 매듭을 짓고자 합니다. 조지홍 시인의 힘찬 건필과 일취월장을 기원합니다.

그림과책 시선 317

회상의 숲을 걷다

초판 1쇄 발행일 _ 2024년 12월 27일

지은이 _ 조지홍
펴낸이 _ 손근호

펴낸곳 _ 도서출판 그림과책
출판등록 2003년 5월 12일 제300-2003-87호

03924 서울특별시 마포구 월드컵북로54길 17 821호
　　　(상암동, 사보이시티디엠씨)
　　　　　도서출판 그림과책
전화 (02)720-9875, 2987 _ 팩스 (02)720-4389
도서출판 그림과책 homepage _ www.sisamundan.co.kr
후원 _ 월간 시사문단(www.sisamundan.co.kr)
E-mail _ munhak@sisamundan.co.kr

ISBN 979-11-93560-25-9 (03810)

값 12,000원

이 책의 판권은 지은이와 그림과책에 있습니다.
잘못된 책은 교환해 드립니다.